ping
A busca de um sapo por uma nova lagoa

ping

A busca de um sapo
por uma nova lagoa

Stuart Avery Gold

ping
A busca de um sapo por uma nova lagoa

Tradução
Flavio Coelho

2ª edição

CIP-BRASIL. CATALOGAÇÃO-NA-FONTE
SINDICATO NACIONAL DOS EDITORES DE LIVROS, RJ

G563p
2ª ed.

Gold, Stuart Avery
 Ping: a busca de um sapo por uma nova lagoa / Stuart Avery Gold; tradução de Flavio Coelho. – 2ª ed. – Rio de Janeiro: BestSeller, 2007.
 Tradução de: Ping: a frog in search of a new pond

 ISBN 978-85-7684-124-1

 1. Mudança (Psicologia). 2. Adaptabilidade (Psicologia).
I. Título.

07-1432   CDD: 158.1
                 CDU: 159.947

Título original norte-americano
PING: A FROG IN SEARCH OF A NEW POND
Copyright © 2006 by Stuart Avery Gold

Ilustrações: Machiko
Adaptação de capa e diagramação de miolo: ô de casa

Todos os direitos reservados. Proibida a reprodução,
no todo ou em parte, sem autorização prévia por escrito da editora,
sejam quais forem os meios empregados.

Direitos exclusivos de publicação em língua portuguesa para o Brasil
adquiridos pela
EDITORA BEST SELLER LTDA.
Rua Argentina, 171, parte, São Cristóvão
Rio de Janeiro, RJ – 20921-380
que se reserva a propriedade literária desta tradução

Impresso no Brasil

ISBN 978-85-7684-124-1

SUMÁRIO

Prólogo   9

1. *O salto da fé*   13
2. *Olhos sábios*   21
3. *Mente de iniciante*   35
4. *O teste*   45
5. *Busca visionária*   53
6. *A corrente*   65
7. *A correnteza*   71

Epílogo   79

Agradecimentos   83

Comentários finais   85

Para meus dois gloriosos saltadores
Aaryn e Shaun

Prólogo

O que importa é que você acredite que o conto a seguir é real.

Pessoalmente, voltando ao começo, tenho minhas dúvidas. E quem não as teria ao descobrir que as aventuras descritas nestas páginas contam, realmente, a jornada transformadora de uma das mais resistentes criaturas do lago... um sapo.

Mesmo que você não esteja muito confiante neste livro, por favor, não pare de ler – há muito o que aprender. Apesar de todas as coisas ruins que têm acontecido aqui no planeta Terra, existem muitas outras boas acontecendo ao mesmo tempo. Entre elas estão as histórias capazes de estimular as pessoas e ajudá-las em sua evolução.

Esta é uma dessas histórias.

Ping

Muito antes de você e muito antes de mim, muito antes de existirem o mercúrio ou o WiFi, a banda larga, o vídeo streaming, o DVD e o videocassete, antes da televisão, do cinema, do rádio e até mesmo dos livros, existiam histórias que divertiam, educavam, motivavam e inspiravam. Enquanto algumas atravessam os séculos por sua capacidade de tranqüilizar e acalentar, esta retrata uma viagem que tem como objetivo despertar o caminho interior, mostrando que o verdadeiro propósito da jornada da vida é bem mais do que simplesmente sobreviver. Este é um convite para agarrar as oportunidades da vida. As ações heróicas do sapo Ping e suas reveladoras descobertas ensinarão a você como conseguir isso também.

Para confirmar as possibilidades que esta história oferece, entrevistei dezenas de pessoas – asiáticos e ocidentais, sacerdotes tibetanos e mestres budistas, professores birmaneses e praticantes do taoísmo –, li várias anotações antes de colocar a tinta no papel. As entrevistas me levaram ao Japão, algumas até a China e outras a alguns filósofos nos Estados Unidos. Poucos conheciam a jornada de Ping e bem poucos podiam contá-la do princípio ao fim; afinal, tudo aconteceu algum tempo atrás.

Prólogo

Mas a história não saía da minha cabeça. Passei mais alguns meses conduzindo minhas pesquisas até que, finalmente, como uma bênção, cheguei a uma conclusão que tornou possível assegurar a autenticidade da história; e embora todos os meus esforços fossem valorizados, é sua, claro, a decisão final. Depois de tudo, se a história nos ensinar algo, estará comprovado que algumas histórias existem para serem contadas e outras, acreditadas.

E a história de Ping?

Bom, essa é uma história para sempre...

1
O salto da fé

A jornada mais importante é a jornada interior.

Era uma vez um lugar...
Naquele dia o lago não estava fundo. Na verdade estava raso já havia algum tempo, mas a maioria de seus habitantes não se importava; para eles tudo parecia normal.
As tartarugas, por exemplo, estavam muito felizes enquanto havia água suficiente para nadar. E gostavam da água naquele nível porque podiam aquecer o casco no Sol sem sair do lago. Isso era ótimo para as garças também; a água rasa facilitava uma pesca saborosa. Os peixes também não reclamavam; estar próximo da superfície tornava mais fácil o trabalho de abocanhar alguma migalha flutuante.

Ping

Verdade seja dita, os habitantes do lago estavam satisfeitos – iam de um lugar a outro e não se ouvia sequer uma reclamação. A maioria passava dias normais, com vidas normais, sem muitas mudanças de humor. A maioria, mas não todos.

Ping era um sapo. Mais do que isso, era um sapo com uma herança magnífica, mesmo sem saber disso. Ele não sabia, por exemplo, que os anciões na China acreditavam que os sapos vinham da Lua, de ovos que caíam do céu com a chuva prateada. Ah, mas ele conseguia se lembrar dos velhos tempos no lago, quando ainda não tinha braços e pernas, e de como era prazeroso se mover rapidamente pelas águas profundas, impulsionado por sua cauda.

E quando ficou mais velho, nada o satisfazia mais do que dar um belo salto. Ping era um excelente saltador, o melhor quando se tratava de distância.

Em um só pulo ele alcançou 2,74 metros; correção: 2,81 metros. Um recorde imbatível. O talento de Ping era tão extraordinário que todos os habitantes do lago interrompiam qualquer atividade para vê-lo saltar. Eles se sentiam privilegiados de testemunharem tamanha glória.

Ping não pensava em nada disso. Para ele, saltar longas distâncias era extremamente divertido, e agora,

O salto da fé

infelizmente, não podia dar seus melhores saltos no lago. Não com a água quase acabando.

Isso nos leva a crer que, para encontrar graça na vida, primeiro você deve desejar viver sua melhor vida; segundo, você deve ter força de vontade e disposição para viver cada dia.

Ping sabia fazer as duas coisas.

O que ele não tinha era a água. E ele precisava da água para pular.

Devo acrescentar, neste ponto, que o lago sempre foi "alimentado" pela primavera, e durante minha pesquisa não achei nenhuma pista sobre o que havia mudado o curso da estação. Mas descobri que se conformar com uma "meia felicidade" no lugar de sempre era bom para os outros, porém não para Ping.

Ping encolheu os ombros e suspirou. Lembrou-se da grandiosidade daquelas águas em outros tempos. Costumava apreciar as belíssimas tonalidades e os perfumes inebriantes da flor-de-lótus e das flores-de-lis cobrindo a superfície da água. E quem pode ficar indiferente ao sereno movimento do mato embalado pela brisa nos bambus? Essa lembrança encheu seu coração de alegria. Mas tudo aquilo era passado, e o que restou não acrescentava mais nada à alma de Ping.

Ping

O ancião taoísta Chuang Tzu escreveu: "Deixe que tudo siga seu curso, assim sua natureza será satisfeita."

Todos sabemos que anfíbios não podem ler, mas quando se é um sapo, tudo que se faz e se vê mostra que todas as coisas vivas têm um lugar, uma ordem natural e um destino a cumprir.

Ping tinha certeza de que o que ele mais queria era poder ter uma vida que lhe permitisse a ser de novo quem ele um dia havia sido.

Acreditava tanto em seus talentos e em suas habilidades que passava os dias sentado à beira do lago, sonhando em se tornar um sapo ainda melhor. Porém, enquanto alimentava seus sonhos, o lago diminuía, até o dia em que o lago não era mais um lago. E o recanto acolhedor e seguro que Ping tanto adorava começou a sumir, sumir, sumir... até que nada mais restou.

Até que não foi tão drástico assim. Ficaram galhos, pedras, ossos e tudo o que tinha ido parar no fundo do lago. Ah, sim, e lama, muita lama.

A lama acompanhava Ping onde quer que estivesse sentado durante o dia, onde quer que dormisse à noite. Mas ele não dormia muito. É difícil relaxar quando o medo se esconde dentro de você – e Ping sentia medo.

*É difícil relaxar quando
o medo se esconde dentro de você*

Ping

Muito medo.

A mudança – quando verdadeira – é sempre preocupante. No início, é capaz de gerar um tipo de medo com poder suficiente para abalar o mais confiante dos sapos. Pode levar a confusão, hesitação, raiva, ansiedade e desespero. O medo da mudança pode segurar, agarrar e dominar com tanta força que chega a paralisar alguns.

Mas isso só acontece se você permitir.

Medo de mudar, de arriscar, de ser ridicularizado ou de que alguém desaprove seus sonhos ou objetivos – são estes os inimigos da determinação e da transformação. Acontece que até os inimigos têm inimigos, e o inimigo do medo é a coragem. Corajoso não é aquele que não sente medo; é aquele que age mesmo com medo.

Para alguns, perceber este simples fato demanda tempo. Para muitos, isso nunca acontece. Para Ping, foi necessário cerca de uma semana.

Dia após dia, Ping experimentou sensações que nunca havia experimentado antes. Ele estava confuso e inseguro.

Ele lutou contra seus pensamentos sobre o passado – suas lembranças do lago de águas profundas. As

O salto da fé

recordações o perseguiam, afinal o lago era o único lugar que ele conhecia.

Mas quem pode adivinhar o exato momento em que seu mundo irá mudar? Quando se vive uma decepção, Deus concede a força necessária para lutar ou para desistir. Estar atento às escolhas significa estar atento à transformação.

Enquanto Ping estava sentado na lama, ponderando suas escolhas, uma importante revelação lhe ocorreu. Havia nascido para ser determinado.

Ping escolheu deixar seu passado para trás, comprometer-se com o futuro e dar início a uma nova e grandiosa concepção de sua vida.

Cinco minutos após o amanhecer no sétimo dia, Ping olhou pela última vez para trás, para tudo que o cercava e que ele tanto amava; deixou todas as glórias do passado, preparando o mais perfeito salto para a maior aventura de todas...

*Quem pode adivinhar o exato momento
em que seu mundo irá mudar?*

2
Olhos sábios

Esteja sempre atento ao caminho, prestando atenção no visível e no invisível.

No início, Ping estava exultante. Ele se sentia positivo, cheio de energia e com o espírito renovado. Desejava alcançar alturas maiores, percorrer grandes distâncias e, com uma perseverança inabalável, experimentar toda a magnitude das maravilhas da vida.

Pelo menos essas eram as intenções dele.

Como já disse, as pernas de Ping eram mais do que fenomenais. Tinham músculos tão fortes que seu salto era incomparável. É muito raro encontrar alguém com sua força ou disposição de ir sempre além.

Em outras palavras: enquanto suas pernas funcionassem, saltar jamais seria um problema para ele. Para

PING

deixar isso bem claro, logo no primeiro dia Ping percorreu uma distância enorme, em um tempo excelente, sem apresentar qualquer sinal de cansaço.

Isso não era nada.

No segundo dia, sem perder o fôlego, ele percorreu o dobro da distância. Mais uma vez, tirou o desafio de letra.

Pena que a equipe do *Guinness*, o livro dos recordes mundiais, não estava por perto para documentar o terceiro dia, quando sem um minuto sequer de descanso ele quebrou outro recorde de distância no meio da tarde.

Mais uma vez, foi tudo em vão. Mesmo que Ping se superasse a cada dia, ele acabava se rendendo quando precisava enfrentar uma situação.

E isso era terrível para ele.

Se Ping tivesse idéia da quantidade de árvores altas que em pouco tempo o cercariam, ele teria ficado em casa, refém das próprias dúvidas. E o mesmo aconteceria se soubesse que na floresta escura e fechada da realidade não existem saídas claras.

Se ao menos soubesse.

Ping tomou fôlego. Depois inspirou novamente, ainda mais fundo. Revigorado, seu corpo estava pronto para seguir em frente. Mas não era fácil.

Olhos sábios

Tentou com todas as forças superar o bosque de ciprestes e pinheiros. Pulou e marcou seu território, revendo sua trajetória todo o tempo: por um lado, por outro, pela esquerda, pela direita. Não importava aonde fosse, era uma dificuldade tremenda.

Nem um raro vento a favor o ajudava. Nada colaborava. Ping fez seu melhor, e, apesar de suas tentativas, não dava para competir.

As árvores altas batiam nas suas costas, golpeando e machucando seu corpo, fazendo com que ele caísse rápido e duro como uma pedra atirada ao chão. Com as inúmeras tentativas, apareceram câimbras em suas pernas e ele não pôde mais para continuar.

Aquele foi um dia difícil. Ping experimentou um mundo que nunca havia experimentado antes; um mundo de fracassos e obstáculos, frio e cruel. Que desanimador.

Exausto, sentou-se, pálido e trêmulo. Jamais se sentira tão infeliz.

Com a fadiga estampada no rosto, segurou as lágrimas e suspirou. Examinou pela última vez a situação lamentável que vivia e, sob um luar resplandecente, olhou para o céu pedindo por ajuda.

Não havia ajuda.

Ping

Ping sucumbiu; seu coração estava em pedaços.

Ele se sentiu derrotado e desencorajado: uma criatura triste e tola, destinada a uma vida miserável, sem perspectivas. Era isso.

Ping deitou inconsolável no chão. Foi um erro imaginar que poderia conquistar uma vida que fizesse sentido. Entrou nessa jornada com tantas esperanças, chegou tão longe, se esforçou tanto, e agora o sonho dourado começava a ruir.

Quem ele pensava que era? Quem era ele para se sentir tão especial? Quem era ele para achar que poderia seguir seu sonho? Quem era ele para acreditar que poderia ter o que quisesse da vida?

Quem, quem...

Estas palavras não saíam dos ouvidos de Ping. Ele piscou e fez tudo o que pode para bloquear tais idéias aterrorizantes.

Quem, quem...

De novo.

Quem, quem...

E de novo... sem parar.

Neste ponto é seguro afirmar que há um limite quanto à pressão psicológica a que um sapo consegue se submeter. Por isso, sentindo que poderia ficar com-

Olhos sábios

pletamente louco, Ping ordenou que as células cinzentas de seu cérebro parassem de lhe enviar aquelas mensagens: PAAAAAAREEEE!!!!!!!
Não adiantou. A repetição não cessava.
Quem, quem...
Ping não não sabia o que fazer para acabar com aquele tormento.
E que ecoava com uma boa razão.
Ping inclinou a cabeça e, de repente, percebeu que os repetitivos "quem", na verdade, não significavam "quem". Prestando mais atenção, pareciam mais com o crocito de alguma ave. Foi quando entendeu que o som não vinha de sua cabeça, mas da fria escuridão, de algum lugar atrás e acima dele!
Finalmente, era de lá que vinha o som.
– Quem, quem ainda não descobriu o Caminho, não irá encontrá-lo.
Ping moveu a cabeça e olhou em direção ao luar. Lá, numa árvore gigante e retorcida, entre os galhos emaranhados, na mais profunda sombra, piscava um par de olhos amarelos e brilhantes.
Aproximando seu olhar, Ping sentiu-se aliviado; não conhecia muitas coisas, mas era capaz de reconhecer uma coruja.

PING

— Meu caminho está bloqueado. São as árvores que me mantêm aqui embaixo – revelou Ping, tentando se defender.

— As árvores que mantêm você aí embaixo me mantêm aqui em cima. Não são as mesmas? – perguntou a Coruja.

— E o que isso importa? – perguntou Ping, parecendo um pouco irritado. – Elas estão me impedindo de seguir meu caminho.

— Se não há obstáculos em seu caminho, ele não o levará a lugar algum.

Ping não sabia como retrucar.

— Você está cego demais para encontrar seu Caminho – enfatizou a Coruja. – Seu Caminho não é um trajeto qualquer; é um retrato da alma que o universo enche com seu sopro. Com ou sem você, ele está lá, esperando. Esteja aberto a isso e o universo sempre o ajudará a subir, não a ficar por baixo. Todo o resto é uma luta em vão.

"Interessante", pensou Ping. Não havia como negar que aquela coruja era experiente e esperta. Se a Coruja pudesse ajudá-lo, seria ótimo.

— Daí de cima você pode ver para onde eu preciso ir? – Ping perguntou.

*Se não há obstáculos em seu caminho,
ele não o levará a lugar algum.*

PING

A Coruja balançou a cabeça.

— Para saber que direção seguir, é preciso que antes você se dirija para dentro de si mesmo, desfazendo a confusão na sua cabeça e escutando o próprio coração. Saber quem você realmente é, e como gostaria de ser, é um tipo de visão que até os cegos possuem.

— Eu poderia usar seus olhos; você me ajudaria? — pediu Ping.

— Você deve encontrar seu próprio caminho — afirmou a Coruja. Havia um desânimo na voz dela, mas também um tom de compaixão.

— Apenas seu próprio coração pode guiá-lo. Você deve confiar em si mesmo mais do que em qualquer outra coisa. Nascida do coração, talhada pelo espírito, a trajetória para a vida mágica não pode ser ensinada; deve ser conquistada.

— Então, por onde começo? — perguntou Ping.

— Comece onde você está. Acorde o Caminho que está dentro de você. Você deve estar aberto ao Caminho para recebê-lo — explicou a Coruja.

— Como? — espantou-se Ping.

— Não é como, é agora! — a Coruja respondeu de imediato e voou do galho onde estava até outro, bem diante de Ping. Balançou as asas e alisou algumas pe-

Olhos sábios

nas com o bico. — O sonho não começa até que você aja. Agora é o momento de entender nossa existência. Muitos ficam à espera da hora certa e do lugar certo para agir. O ato de esperar afasta os acontecimentos desejados para longe. Você deve agir para acontecer. Ping, naturalmente, não sabia de nada disso.

— Por favor, preciso de sua orientação para chegar onde eu quero.

— Você sabe para onde está indo?

Ping fingiu limpar a garganta.

— De certa forma...

— Se não sabe para onde está indo, qualquer estrada que pegar o levará para lá.

A Coruja deu alguns passos antes de se virar. Apesar da idade avançada, ela se movia com vitalidade graciosa. Olhou para Ping com certa curiosidade.

— Mas saber o que não sabe é o começo de tudo. É o começo de uma vida com propósito.

— Vida com propósito?

— Viver com propósito significa que você faz o que você é. Clareza de propósito. Ter o coração aberto e uma mente perspicaz nos dá força para direcionarmos nosso destino. Viver por opção, não por acaso, assim é ter uma vida com propósito.

Ping

— Então é com isso que eu sonho!
— Prepare-se para a decepção — advertiu a Coruja.
— Você é tão incrivelmente sábia e boa. Preciso de seus conhecimentos, por favor.
— Acho que não.
— Mas cheguei tão longe.
— Desejo-lhe uma boa viagem de volta.
— O que farei?
— Guarde tudo isso como experiência. Boa sorte.
— Novamente, por favor, peço que me guie.
— Mais uma vez, sinto muito. Não.

E a Coruja voou de volta para seu galho.

Ping era jovem, e por conta disso a insistência fazia parte do seu temperamento. Ouvir um "não" como resposta era simplesmente algo que não aceitava com facilidade.

Irritado, perguntou de novo.
— Não.
Insistiu.
— Não.
Então suplicou.
— Não.
Rogou.
— Não.

Olhos sábios

Choramingou.
– Não.
Humilhou-se.
– Não.
Implorou.
– Não.

Então, segurou a respiração e começou a pular para cima e para baixo, não por estar frustrado, como você deve estar pensando. O que ele tentava fazer era alcançar, usando todas as suas energias, o galho em que a Coruja estava empoleirada. Sem se importar com seus braços e pernas completamente exauridos pelos movimentos, não desistiu.

A cada pulo chegava mais alto e mais próximo. De onde estaria vindo essa nova força? O que quer que fosse, era certo que após algumas horas Ping estaria rasgando os ares. Sem desistir de seu objetivo dessa vez, cada pulo fazia com que atingisse uma altura maior.

E foi assim durante quase toda a noite: Ping pulava sem parar, não desistia, tentando alcançar o galho da Coruja.

A Coruja não deu a menor atenção, ocupada limpando suas penas de hora em hora, até um último

PING

salto, enorme, que pôs Ping no mesmo galho em que ela estava.

– Atitude é igual à altitude – disse a Coruja.
– O quê?
– Humm... Exatamente.

A Coruja voou até o chão coberto pela neblina. Ping arfando de cansaço, pulou logo atrás.

– Isso é engraçado – disse ele, ofegante, e ainda arriscou uma gracinha. – Eu não estava conseguindo pular absolutamente nada desde que cheguei por aqui.

– Você é persistente. Devo admitir – disse a Coruja.

Ping observou uma sutil mudança no comportamento durão da Coruja.

– Bem, se ser persistente me ajudará a ter uma vida com propósito, então é assim que serei.

– Persistência é a diferença entre ir e não ir – a Coruja retrucou.

– Então você vai me ensinar? – perguntou Ping, apreensivo.

A Coruja piscou em sua direção.

– Prefiro não perder tempo com trivialidades. Mas acabei de me lembrar de uma frase: "Quando o aluno estiver pronto, o professor aparecerá."

Atitude é igual à altitude

PING

Ping entendeu. Reconheceu as boas-novas quando as escutou. Era estimulante não seguir sua jornada sozinho.

— Não tenho palavras para agradecer.

— Então estamos próximos de um maravilhoso começo porque, por enquanto, eu agradeceria se não desse nem mais uma palavra. Você precisará de silêncio para ouvir seus desejos, seu verdadeiro propósito, seu coração.

3
Mente de iniciante

Um momento de realização encontra abrigo em uma mente serena.

Com esse pequeno conselho, seguindo o brilho do luar, a Coruja partiu, e Ping, logo atrás, marchava entusiasmado rumo a uma direção ainda indefinida, tentando ao máximo manter seus pensamentos em silêncio.

Para Ping, não era fácil pensar em nada concreto com o estômago roncando. Ele já estava sem comer havia algum tempo e considerava se deveria ter dito algo mais à Coruja. Mas decidiu não falar nada, temendo aborrecê-la mais, levando-a a voar para outro galho. Não queria que aquilo acontecesse novamente.

Ping

Quieto, continuou seguindo a Coruja, observando insetos voadores, rastejantes ou qualquer outro petisco disponível, lutando contra a forte dor que latejava em sua cabeça. Foi quando finalmente perguntou à Coruja para onde estavam indo.

A Coruja não respondeu.

Ele então perguntou se ela explicaria tudo quando chegassem lá.

– Explicarei tudo desde que não queira usar como vantagem andar com seus pensamentos.

– Tudo bem, tudo bem. Desculpe-me – disse Ping.

A Coruja olhou de cara feia.

– Desculpas não são necessárias para mim. Você deve ficar atento a seus próprios pensamentos. Separe um tempo para livrar sua mente de tudo que o cerca. Estabeleça uma conexão com seu interior. Além das palavras, do turbilhão de conceitos e julgamentos, existe um lugar em que os conflitos da mente são silenciados pelo verdadeiro chamado do coração. Em determinado momento você saberá que a verdadeira jornada da vida é o passo do coração em direção ao seu lar.

Ouça. Você consegue escutar?
Pode escutar a voz do seu coração?

Ping

A Coruja fez uma pausa e fechou os olhos.

— Ouça. Você consegue escutar? Pode escutar a voz do seu coração? Se ainda não é capaz, vá mais fundo. Ela o está esperando. Receba sua força e aprenda a confiar no seu poder. No momento em que puder ouvi-la, siga-a. Ela sempre saberá onde deve levá-lo.

Ping fechou os olhos na tentativa de se concentrar. Não foi muito fácil.

— A distração ainda o perturba. Concentre-se no vazio. Deixe que se vá tudo o que conhece. É preciso esvaziar a mente para que você esteja aberto a receber a vida que é sua. Somente desprendendo-se do que ocupava sua mente você poderá ocupá-la novamente e encontrar a Mente do Iniciante.

"Por enquanto, deverá praticar a concentração total em tudo que fizer. Primeiro, gastará bastante energia, mas, como tudo que é praticado, se desenvolverá com facilidade.

"Aprenda a se tornar alguém com responsabilidade nas mãos e se sentirá inserido no universo, com toda a riqueza que ele pode proporcionar."

Ping observou a Coruja, maravilhado. Não havia dúvida a respeito de sua sabedoria.

Mente de iniciante

Sentado bem ereto, convidando o silêncio, ele recomeçou com profunda concentração.

A Coruja alertou que apenas na escuridão é possível enxergar o despertar do seu "eu" verdadeiro.

Ping fechou os olhos e mergulhou na escuridão. Não era apenas sua alma que precisava procurar, pensou ele, mas também seu espírito – e, nesse caso, seu coração.

Sua mente começou a percorrer lembranças saudosas. Sem dúvida precisava de mais lições da Coruja para que o processo desse certo.

A Coruja não ligava. Ela sabia que o acesso à inteligência natural do universo dependia da verdade: o aprendiz deve sobreviver ao mestre. Como mestre, sabia que seu trabalho era não somente fornecer instruções, mas encorajar e ser paciente.

Então, começaram as lições.

Por semanas, a Coruja ensinou a Ping um mundo de coisas, começando pelo significado de correr riscos, mas sempre de modo responsável – processo que já havia levado muitos ao fracasso. Ensinou sobre ações bem planejadas e calculadas que prometiam grande possibilidade de sucesso.

PING

Ela explicou que para experimentar a magnitude deve-se experimentar correr riscos. Riscos transformam oportunidades em realidade.

De qualquer forma, ela estava sendo bem cuidadosa ao insistir sobre a importância do total entendimento das conseqüências quando se está correndo riscos.

— Um risco bem calculado já é meio risco corrido. Esclareça o risco. Defina-o com precisão. Determine quais obstáculos e dificuldades você terá que superar para alcançar o sucesso.

"Prepare-se para as possibilidades. Qual pode ser a pior situação? Qual é seu plano de recuo estratégico?

"Em outras palavras: olhe antes de pular!"

(Obs.: Soube por uma fonte muito segura que essa conversa deu origem ao velho ditado popular.)

Ping absorveu tudo em seu coração, guardando especialmente em sua memória a frase que a Coruja ponderou e afirmou: "Evitar um risco é correr o maior risco de todos."

Exatamente naquele lugar e momento ela explicou que apenas os que arriscam têm a possibilidade de al-

Mente de iniciante

cançar alguma coisa, e que muitos alcançam o caminho para o sucesso.

– Promova a possibilidade – encorajou a Coruja.

– Saiba que os erros podem ser superados, mas que a inércia encarcera a alma.

"Lembre-se, você sempre ficará mais desapontado pelas coisas que não fez do que pelas que fez. Novamente, faça acontecer."

Enquanto Ping fazia uma pergunta atrás da outra, a Coruja chegava a grandes conclusões, enfatizando como o risco é responsável pela transformação que pode transportá-lo de onde está para onde quer ir.

Crescer é se arriscar. Não correr riscos leva ao fracasso em experimentar seu próprio destino.

Resumindo, a Coruja enfatizou a importância de estudar o risco por todos os ângulos:

– O melhor ângulo para uma boa análise do risco é o ângulo da tentativa.

Ping entendeu e fez a seguinte promessa:

– Prometo fazer o meu melhor para aceitar os desafios do risco. Farei avaliações cuidadosas sobre os riscos que terei de correr e ponderar quando evitar al-

PING

gum. Farei, conforme me instruiu, do risco inteligente parte da minha vida. Construirei minha segurança correndo pequenos riscos, trabalhando meu caminho até me sentir à vontade e seguro para correr riscos maiores.

"Coruja, você é genial. Prometo que não fracassarei."

— E eu prometo que você fracassará — disse a Coruja, que rapidamente se explicou: muitas vezes e, infelizmente, mais do que você pode imaginar. Cada fracasso será uma dor paralisante e o fará se contrair, chorar e pensar em desistir. Esse é o resultado do fracasso.

"No entanto, por mais devastador e desmoralizante que seja o fracasso, existe algo mais trágico e terrível: a ausência dele. Sem o fracasso você não se empenharia na tentativa do sucesso.

"Adote a filosofia de que o fracasso é um dos maiores professores da natureza.

"Assim como a água facilmente alimenta todas as coisas, o fracasso enriquece, acrescenta verdade e sabedoria, visão e conhecimento que o ajudam a crescer. Respeite-o como ensinamento, nada mais, nada menos.

Mente de iniciante

"O que você deve guardar bem é o seguinte: não deixe o fracasso afastá-lo de suas vontades ou desejos, privando-o de levar uma vida bem vivida.

"O fracasso pode ser vencedor ou vencido. Depende de você."

– Não sou um vencido – disse Ping.

– Veremos – respondeu a Coruja, serenamente, para si mesma.

4
O teste

O verdadeiro caminho é a vontade fervorosa, bem como o metal mais puro é resultado do fogo mais ardente.

Havia chegado a hora de a Coruja preparar uma pequena tarefa a fim de testar o caráter e a coragem de Ping.
— Sei que você se acha bom em saltos. Vamos ver se é tão bom se levantando e andando por aí um pouco.
Ping sacudiu a cabeça.
— Não entendi bem o que você disse.
— Sou velha e minhas asas às vezes se contraem e doem por causa da artrite, mas sei que minha pronúncia é muito clara. Você me ouviu.
Ping encarou a Coruja, duvidoso.

Ping

— Perdoe-me, mas, em primeiro lugar, não posso andar. Nunca andei antes. E, em segundo lugar, não sou o maior saltador do planeta. Não sou mesmo. Aonde quer que eu vá, é pulando que consigo chegar.

A Coruja encarou Ping e aumentou o tom da voz.

— Agora preste bastante atenção. Você pode e deve andar, agora. Caso contrário, este terá sido um tempo fascinante que perdemos juntos. Vou desejar-lhe muitos saltos alegres para onde quer que esse seu talento único o leve. Tenho certeza de que se sairá bem.

Ping ficou pálido. O discurso de desistência da Coruja foi entendido por ele. Se não a seguisse, todo o aconselhamento de sua mestra seria interrompido e, com isso, todos os planos de Ping iriam por água abaixo. Sabia bem disso.

Há pelo menos 150 anos membros da comunidade científica travam uma batalha sobre a possibilidade dos sapos terem a habilidade de andar.

Especialistas em répteis são categóricos ao argumentar que o sapo africano andarilho, da costa oeste do Equador, e os sapos que habitam as árvores verdes da América do Norte preferem caminhar a pular.

O *teste*

Os naturalistas, famosos por serem irredutíveis em suas contra-argumentações, dizem que, na verdade, essas duas espécies rastejam, o que nada tem a ver com o movimento de andar.

Confusões lingüísticas à parte, quem procura uma prova definitiva de que um sapo pode ficar de pé e sair para dar uma volta deveria estar presente naquele final de tarde, quando Ping estava prestes a fazer exatamente isso.

Mas não em sua primeira tentativa.

Na segunda tampouco.

E se você tivesse algo mais interessante para fazer naquela noite, eu recomendaria que fizesse, porque demorou bastante até que Ping desse alguns passos. A visão de um sapo desconcertado, tropeçando, cambaleando e caindo de cara no chão não foi nada agradável.

— Eu não posso fazer isso — afirmava Ping em agonia.

A Coruja não se mostrou nem um pouco surpresa. Seus sábios olhos alfinetaram Ping ao encará-lo.

— Acredite que não pode e não conseguirá. Acredite que é possível e conseguirá. Palavras transformam-se em fé; a fé transforma-se em ação.

Estar atento às escolhas significa estar atento à transformação.

O teste

A Coruja continuou:

— Para ter controle sobre seu destino, você deve controlar seus pensamentos. Como e o que você pensa definirão seu futuro. Quando chega a hora de viver seu sonho, se você acreditar que é possível, estará certo. Se pensar que não é possível, também estará certo. Se preferir, posso compartilhar com você uma descoberta que o ajudará a levantar a cabeça e continuar.

— Conte, por favor. Meus joelhos estão esfolados e estou quase caindo novamente. Qual é o segredo? — Ping implorou.

Após uma pausa, a Coruja sussurrou estas exatas palavras:

— Para viver uma vida com propósito, não caminhe com suas pernas, mas com sua vontade.

Ping refletiu por um momento, admirando a sabedoria da Coruja. Que sorte tê-la como professora. Percebeu que não poderia desapontá-la.

Totalmente renovado pela confiança, entrou num estado de profunda concentração voltada para recuperar sua estabilidade. E, então, com a cabeça apoiada para trás, respirou bem fundo e, com toda a força de vontade que conseguiu reunir, deu um passo à frente.

Ping

E caiu novamente.
Difícil.
Desastre total.
Patético.
— Eu poderia tentar outra dica agora.
— Se cair sete vezes, levante-se oito — alertou a Coruja.
— Seja apenas uma mente e apenas um coração.
"Viver uma vida com propósito é um processo gradativo — cada passo à frente o deixa mais próximo da concretização do melhor que existe dentro de você. Aceite isso e dará o primeiro passo."

Determinado, Ping seguiu as palavras da Coruja, tentando diversas vezes, até que o destino sorriu e, repentinamente, lá estavam suas pernas dando o primeiro passo, e o segundo passo, o terceiro, um quarto grande passo, e logo seu equilíbrio foi se estabilizando.

Ping não tinha idéia de onde vinha sua nova habilidade, mas colocava uma perna na frente da outra, movendo-se como se não fosse novidade para ele. Nem mesmo a Coruja negou o impressionante espetáculo que era ver um sapo caminhando lentamente. Mas esse não era o ponto. A questão era a coragem que

O teste

Ping teve para correr o risco, fracassar, tentar quantas vezes fossem precisas até, finalmente, obter sucesso. Ele estava mesmo andando, mas era estranho perceber que a fé nele mesmo o havia feito erguer-se do chão.

— Olhe para mim!

A Coruja observou calmamente.

— Você superou a dúvida. Seu ceticismo foi deixado completamente para trás. Nunca se esqueça de que a confiança em si mesmo deve fazer parte de cada ação e pensamento seu. Isso o sustentará contra obstáculos e derrotas.

"Saiba também que mesmo tendo fé em seu talento e habilidade, se não tiver uma visão verdadeira, você irá vagar pelo mundo sem rumo certo."

— Hummm... interessante. — Ping esnobou. — Talvez se a Lua estivesse um pouco mais clara eu pudesse enxergar um pouco mais.

A Coruja apenas sacudiu a cabeça.

— Sua visão é sua maior sabedoria. A sabedoria maior clareia seu caminho.

"Mais uma vez, eu digo: reserve um tempo para acordar sua mente, seu coração e seu espírito ao eco do destino da sua vida. Ouça o silêncio entre os sons; é a música da sua alma.

PING

"Existem sempre duas jornadas que você deve percorrer para descobrir seu Caminho: uma para se perder e outra para se encontrar.

"Esgote palavras.

"Não existe nada fora da mente. Em sua jornada, você deve olhar para dentro antes de fazer qualquer movimento."

Ping achou que havia entendido e sorriu de alegria.

— Não me importo muito de tomar algum tempo para refletir.

A Coruja olhou fixamente para o céu e deu um suspiro profundo. Voou para um galho de árvore e se ajeitou confortavelmente. O Sol começava a nascer no horizonte.

Tranqüila, a Coruja, eterna otimista, concluiu que aquela era uma lição que Ping não esqueceria tão cedo. Talvez alguns meses já fossem o suficiente... mas o processo poderia tomar mais tempo do que isso.

5
Busca visionária

Quando não existir vento, ouça a voz dos cedros. Lá você encontrará a si mesmo.

Os ventos do inverno chegaram cedo. A tempestade gelada espalhou as folhas das árvores pelo chão e inclinou as pontas dos velhos pinheiros. Passaram-se mais de seis meses desde que Ping deixou seu lago.

Naquele momento, sentado no buraco escuro e úmido de um tronco, incomodado pelo frio, ouvia os ruídos do bosque de bambus, mas sua mente não estava lá. Não estava lá havia semanas. Ele a mandara para algum lugar além da forma e dos sons; um lugar de beleza exuberante e existência extraordinária.

Ele chegara, finalmente, a uma bela paisagem formada no interior de sua mente centrada. A Coruja

PING

havia lhe mostrado o Caminho por intermédio da meditação.

Esse era um sapo diferente. Toda manhã Ping se sentava em silêncio por horas a fio.

Naquela manhã em particular, ele estava em meditação profunda, como sempre fazia. Então, com seu poder mental, teve uma visão purificadora: bem longe, sobre os picos das montanhas cobertas de gelo, o Sol dançante da primavera. Os raios quentes e maravilhosos derretiam a neve, enchendo os riachos e laguinhos do jardim com água clara e profunda. Nem mesmo o mais articulado dos sapos poderia descrever a imagem e o cheiro das magnólias em flor e das flores avermelhadas que espalhavam suas pétalas e perfumavam o ar. Sem falar das cores apaixonantes das glicínias, azaléias e íris, vistas no lado mais úmido do lago.

Ainda aproveitando aquela magnífica visão, Ping apreciou os alegres sons que ouvia: o coro dos pássaros e o suave murmúrio da água, intercalados pelos sonoros mergulhos de jovens e alegres sapos que tentavam dar saltos cada vez mais longos.

Seu coração estava satisfeito. Ele estava em um lugar que poucos de nós teríamos sorte de conhecer:

Busca visionária

por um momento, ele estava vivenciando sua própria visão.

No mesmo dia, mais tarde, Ping descreveu sua visão à Coruja e perguntou:

– É possível existir um lugar com tanta felicidade e esplendor aqui na Terra?

A Coruja balançou a cabeça, dizendo que tantas maravilhas no mundo existiam de fato.

– Existe um lugar chamado Jardim do Imperador, que está entre os tesouros da Terra. Um lugar com tanta felicidade e esplendor como o de sua visão. Mas, para desfrutar de sua exaltada grandeza, você deverá viajar muitas milhas, enfrentar muitos desafios.

A Coruja contou a Ping que o grande motivo para medo era a necessidade de atravessar o rio Splat.

– Mas esse é meu destino – respondeu Ping, rapidamente.

Por querer contar esta história com o máximo de precisão possível, devo informar que por séculos o rio Splat foi oficialmente registrado pelos cartógrafos como rio das Pedras, mas era chamado de rio Splat pelos habitantes locais da floresta, que testemunharam tantos viajantes se esborracharem enquanto tentavam atravessar suas águas traiçoeiras.

Ping

A correnteza rápida e esmagadora e as pedras afiadas eram fatais. Os habitantes sabiam bem que não deviam nem pensar em atravessar o rio Splat; nenhuma razão para chegar ao outro lado era importante o suficiente para arriscar a vida de alguém.

– Não tem problema – Ping declarou, sem medo.

– Você nunca viu o quanto posso pular. Mostre-me esse rio Splat e eu provarei que posso atravessá-lo sem sequer encostar os dedos na água. Quando se trata de pular, sou capaz de demonstrar todo meu talento.

– Aquilo em que se crê tolamente, pode-se desafiar tolamente – a Coruja disse.

– Não entendo – disse Ping.

– Você entenderá. O talento vem naturalmente, já a habilidade deve ser aprendida. Já vi seu talento com meus próprios olhos, mas ele é incompleto se não for ajustado às habilidades. O talento pode abrir portas, mas a habilidade permitirá a passagem por elas.

"Você deve desenvolver o talento e a habilidade, ou nunca será um mestre da sua própria vida."

Ping sentou silencioso por um instante. Piscou. Piscou novamente.

– Eu quero ser o senhor da minha própria vida.

O talento vem naturalmente, já
a habilidade deve ser aprendida.

PING

— Querer não é suficiente. É preciso colocar em prática. Você deve fazer isso para ser o senhor das circunstâncias da vida ou arriscar, deixando que as circunstâncias controlem você.
— Estou pronto.
— Então, vamos começar — anunciou a Coruja.

E então eles começaram, cuidadosamente.

O treinamento era simples e objetivo; sem enrolação. O primeiro passo foi tonificar os músculos de Ping, tornando-os fortes o suficiente para enfrentar o desafio do rio Splat.

Ping começou seus exercícios segurando meio quilo de pedras em seus dedos enquanto se pendurava de cabeça para baixo em um galho de árvore por meia hora, todos os dias. Inicialmente isso lhe causou alguns problemas; seus braços e pernas doíam muito, mas ele continuou firme.

Em um mês, Ping já podia segurar dois quilos e meio de pedras e, enquanto estava pendurado e o sangue corria para sua cabeça, chegou a ponto de não passar de um galho para o outro sem segurar mais algumas pedras e ficar ainda mais tempo de cabeça para baixo.

Para fotalecer suas coxas, durante três horas diárias, ele fez levantamento de troncos — exercício similar ao que

Busca visionária

conhecemos em academias de musculação como *leg press*. Deitado de costas, balançava um tronco pesado em seus pés, levantando-o para o alto e descendo-o lentamente até a posição inicial.

Para adquirir mais força e vigor físico ele gastava mais três horas dando saltos bem altos, pulos agachados e outros saltos em todas as direções. Dessa maneira, o ato de pular seria automático, bem mais espontâneo.

A Coruja explicou a diferença entre ter habilidade natural e estar hábil. Explicou que o treinamento leva à técnica, que por sua vez leva ao talento, e a habilidade se materializa totalmente, instintiva e imediatamente.

Assim foi o treinamento de Ping, incessante – tirava algumas rápidas sonecas nos intervalos.

As sessões práticas continuaram, dia após dia, durante um ano inteiro desse esforço concentrado.

Enquanto fortificava o corpo durante o dia, as noites eram dedicadas a fortalecer a mente, porque alguns mistérios aguardavam solução.

Alguns desses mistérios tinham a ver com o universo, porém a maioria era relacionada com a posição privilegiada que Ping ocupava nele.

Ping

A Coruja explicou:
— O desconhecido é uma constante. Nunca conte com o futuro, pois nem mesmo sua habilidade pode controlá-lo. Ter uma vida com propósito é reconhecer a si mesmo como um processo do presente.

"A mudança é uma companhia constante, que permite possibilidades ilimitadas que ela mesma guarda para todos os seres vivos.

"Saiba fazer do universo o seu parceiro, recebendo as oportunidades que resultam da mudança contínua.

"Siga a correnteza e você se sentirá apoiado pela misteriosa unidade de seu poder. Quando a mudança chegar e os obstáculos se colocarem diante de você, seja como a água."

— Serei tudo o que posso ser — Ping respondeu.
— Não. Seja mais do que você é.
— Não precisa se preocupar — foi a resposta de Ping.
— Graças aos seus ensinamentos, sou capaz de nadar correnteza acima se for preciso.

Os últimos meses ensinaram à Coruja que Ping era um bom aluno, mas não um aluno que aprende rápido.

A Coruja continuou:

Busca visionária

— Possuir o poder da verdadeira força é possuir a habilidade de recuar para mudar o curso, se necessário. Novamente, sugiro que seja como a água; é a coisa mais maleável que existe; apesar disso, a água tem tanto poder que consegue penetrar a pedra mais dura e o aço mais forte. Líquida e flexível, a água se deforma e contorna, passando pelos lados, por cima e por baixo, mudando sua direção livremente pelo caminho que passa.

"Não existe nada que a água não possa vencer, e apesar disso sua natureza é recuar, se entregar. A água tem a força rígida para remodelar tudo o que surge em seu caminho, assim como você deve ter.

"Saiba que você deve ter a capacidade de enfrentar obstáculos indesejáveis como uma correnteza cuidadosa, transformando os riscos, os problemas e os desafios em oportunidades que o conduzirão à vitória."

Ping estava confuso.

— Vamos ver se entendi. Eu uso essa correnteza para determinar o que preciso fazer?

A Coruja respondeu:

— Outras vozes tentarão guiar o que você precisa fazer. A correnteza o guiará em direção às necessidades reais.

Ping

"A correnteza é o caminho natural, a força que permite seguir adiante contra dúvidas internas e adversidades externas. Ela está em todo lugar. É o movimento da vida. Não tem começo ou fim; É um processo universal.

"Siga a correnteza, porque ela sabe para onde vai. Organize sua vida diária de acordo com isso e surfará nessa onda sem limites, usufruindo das vantagens de sua sábia direção. Abandone esse caminho e abandonará seu direito de ter uma vida plena.

"Viver intencionalmente é entrar na correnteza do seu destino, aproveitando sempre o que ela pode oferecer."

– Que estranho. Sinto-me como se tivesse aprendido muito e, ao mesmo tempo, nada – disse Ping.

– Não existem palavras que contenham todo o conhecimento. Isso é bem esclarecedor. O que você quer dizer é que está pronto para perseguir seu destino, exatamente como acreditei que estaria – disse a Coruja.

– Sim, foi isso que eu quis dizer – respondeu Ping.

Então a Coruja fez a coisa mais extraordinária e inesperada: arqueou-se e, numa voz muito, muito baixinha, disse:

Busca visionária

— Fazer é ser.

Dito isso, a Coruja se virou e seguiu para o caminho quase nunca utilizado, que levava ao rio Splat. Ping pulava logo atrás, mais humilde e sábio do que quando entrou pela primeira vez naquela floresta, meses antes.

6
A corrente

O sábio adota o escolhido e se torna o modelo para todos.

Barulho ao fundo. Cada vez maior. Assim foram recebidos a Coruja e Ping quando se aproximaram do penhasco com paredes escarpadas que caíam no rio Splat. A força da água espumante das correntezas selvagens estourou nas pedras. O som estrondoso como o de um trovão ecoava até o céu.

A luz perfeita da Lua cheia iluminou a cena. Ping saltou para uma pedra e sobreviveu à força do rio.

Era eletrizante. Sentiu uma pressão súbita em seu peito. Nesse momento de contemplação, percebeu uma pontada de incerteza, mas não deixou que tomasse conta dele.

Ping

— Este é o desafio – disse a Coruja.

— Moleza – disse Ping, com um tom de dúvida em sua voz.

Depois disso, não se ouviu nenhuma palavra dos dois, apenas o silêncio entre eles, que combinava com o constante som das águas do rio Splat.

Um brilho repentino começou a brotar nos olhos de Ping. Havia muitas coisas que ele gostaria de falar, mas pensava sobre como e onde começar.

Ping não precisava pensar muito. A Coruja pressentiu tudo e fez um grande gesto com a asa direita. Ela fixou o olhar nas águas traiçoeiras e disse:

— Um rio não tem forma. Só pode ser contido pelos próprios limites. Você é como o rio.

— Espero ter o que for preciso – respondeu Ping.

A Coruja se virou para ele, encarando-o de frente. Calmamente, ela disse:

— Para levar uma vida com propósito, é necessário crer e querer. Com essas duas atitudes, tudo é possível. O caminho não está no céu, e sim no coração. Para o viajante que sabe sua direção, sempre existe um vento favorável.

— Obrigado pelas lições que me ensinou – agradeceu Ping, humildemente.

A corrente

— Não é o que você aprendeu que fará a diferença, mas sim o que faz com os ensinamentos. Você pode preencher seu destino ajudando outros.

"Uma única vela pode acender milhares de outras. Seja um doador de luz. Use seus conhecimentos para inspirar e ajudar outras pessoas."

— Contarei minha história a todos que encontrar — afirmou Ping.

— Os que vivem uma vida com propósito não contam sua história. Eles são a história. Você deve fazer para ser. Vá e estremeça o mundo.

Ping acenou com a cabeça.

— Peço apenas que me veja.

— Verei.

E a Coruja voou até alcançar um ponto de observação que fosse perfeito, pairando 76 metros acima, no meio do rio Splat, aguardando.

Ping piscou e piscou novamente, enquanto olhava fixamente o intenso movimento das águas. Então, ele relaxou os músculos do pescoço, balançando a cabeça de um lado para o outro e esticando as pernas, enquanto começava a se concentrar.

Se realmente pretendia atravessar para o outro lado do rio Splat com sucesso, ele precisava analisar cada detalhe.

*Um risco bem calculado já
é meio risco corrido.*

A corrente

Deveria contar com a velocidade e a direção do vento, combinando tudo com o que sabia sobre trajetória.
Ele avaliou, calculou e considerou.
Aproximou, analisou e supôs.
Sim, deveria se preocupar com o ângulo e com a distância, além de estimar o peso e, com certeza, calcular a gravidade. Todos esses fatores eram relevantes entre voar e cair. Sua mente lateiava e zunia.
Até que, no meio disso tudo, a coisa mais incrível aconteceu.
Sua mente ficou vazia.
Apagada.
Em branco.
Clara.
Sua mente estava livre de qualquer medo ou dúvida, repleta de uma sensação singular de união com o ar.
Resumindo, Ping estava a ponto de se tornar aquele que detém o conhecimento.
Ele olhou para baixo, para o outro lado, e deu um breve sorriso para a Coruja. Tomou um último fôlego de encorajamento. Cheio de força de vontade, fé e propósito, pulou o mais alto que já havia pulado em toda a vida, num arco tão perfeito que não deixou dúvida: ele atravessaria o rio Splat com folga.

Ping

— Voe! — gritou a Coruja.

E ele voou longe e mais longe, deslizando no ar com uma graça fora do comum, conquistando o espaço com uma facilidade única.

Ele não pensava no que estava acontecendo, pois sua mente estava vazia. Sua união com o ar o levava para muito longe, como nunca o havia levado antes.

Ah, como a Coruja deve ter ficado orgulhosa ao ver Ping desafiando as leis da gravidade. Mas ela não disse nada sobre isso.

Nem sobre o som das asas que vinham de cima, diretas e mortais.

Nem sobre o tamanho da enorme águia que se lançou sem aviso.

Não disse nada até as garras afiadas da águia fincarem os músculos das costas daquela velha Coruja. Por um breve momento, ela não disse nada.

7
A correnteza

Os rios correm para se unir à fascinante dança da vida.

Uma explosão de penas explodiu no ar, quebrando a perfeita concentração de Ping.

— Nãããããooooo! – gritou Ping ao ver a águia voando com a Coruja presa em suas garras. Algumas penas que caíam delicadamente foi tudo o que sobrou dela.

Ping ficou completamente fora de controle, mergulhando, caindo mais e mais. E não existia nada que pudesse impedir sua queda, a não ser as correntes de água e as pedras do rio Splat, que o dominaram em um instante.

Por completo.

Ping

Enquanto mergulhava na veloz corrente do rio, chutava caoticamente a água gelada. Ele estava impressionado com como suas poderosas pernas não valiam nada frente à poderosíssima e abundante correnteza que o arrastava.

Ping lutou feito um louco. Afundava e voltava à tona, afundava e voltava, novamente se esforçando para se manter fora d'água, afogando-se logo em seguida. Os períodos que passava submerso pareciam durar uma eternidade.

Chutava cada vez mais forte, tentando manter o controle, nadando contra a corrente até chegar a um local seguro.

Suas pernas incansáveis começaram a bater mais debilmente, sua força começou a falhar. Acreditar era essencial, mas Ping perdia tudo o que tinha, muito rápido.

Agora ele só podia contar com os braços debilitados para se defender das pedras que batiam contra seu corpo. Não havia nada a ser feito para dar um fim àquele doloroso castigo. Quanto mais lutava, mais era jogado contra as pedras, golpeado, machucado na pele e massacrado na alma.

A correnteza

As frágeis tentativas de conquistar a correnteza eram cada vez menos freqüentes. O rio Splat nem as sentia, e continuou atacando Ping, criando redemoinhos e atirando-o contra pedras pontiagudas.

Exausto, ele entrou em pânico, perdendo a capacidade de se manter fora d'água e o ânimo. Com o pouco de força que lhe restava, continuou tentando nadar, agarrar algo, na tentativa de escapar do destino cruel que agora parecia inevitável.

Não tinha chance.

O mundo de Ping se tornou branco diante de seus olhos. O rio Splat começou a chamá-lo. Ele começou a afundar. A morte estava muito próxima.

Então, por alguma razão, como por milagre, ele se lembrou das palavras da Coruja:

"...seja como a água."

Poucas palavras, porém suficientes.

De repente, a salvação parecia possível.

Ele recordou os ensinamentos da Coruja e se deixou levar por eles.

"Líquida e flexível, a água se deforma e contorna, passando pelos lados, por cima e por baixo, mudando sua direção livremente pelo caminho que passa", a Coruja tinha dito.

Ping

"Viver uma vida com propósito é aprender como nadar com uma existência que flui." "Siga a correnteza, porque ela sabe para onde vai."

Ping começou a seguir os conselhos e logo percebeu como, rapidamente, a água foi perdendo sua fúria mortal e começou a apoiá-lo, guiando e protegendo seu corpo, simplesmente por estar seguindo o seu curso, desviando-se das pedras e das rochas.

O mais fascinante foi o extraordinário controle que ele começou a sentir quando se adaptou à correnteza, familiarizando-se e dançando com ela. Estava se tornando seu próprio agente de mudança, sentindo a verdade no que fazia.

Esse lindo momento revelou que viver uma vida com propósito era simplesmente deixar o potencial de sua vida vir à tona.

De verdade.

Assim como a Coruja havia dito: "Felicidade não é um destino. É um processo; uma viagem fantástica em várias direções."

Ele conseguia ouvir a voz da Coruja dizendo: "Seguir a correnteza é um caminho que nos sustenta, nos guia e nos leva ao prazer e à visão sem limites."

A correnteza

A vida, afinal de contas, é feita para ser vivida, completa, maravilhosamente.

Somos viajantes, caminhamos juntos, como um e como um todo. Somos criados para viver com um propósito glorioso, permitindo a nosso verdadeiro destino que siga seu rumo.

Assim como o tempo é igual a um rio, o tempo que Ping demorou para percorrer o grande curso do rio Splat não pode ser calculado em minutos, horas, dias, semanas, meses. Não há como saber o quanto se deve esperar para encontrar a felicidade.

Nem é necessário.

Ping aprendeu esta simples e importantíssima verdade: enquanto perdemos nosso tempo esperando pela felicidade, ela está sempre aqui, esperando por nós.

A felicidade é o centro de nossa realidade, está enraizada em nós, pronta para ser merecidamente reivindicada.

Dentro de cada um de nós existe um Ping, pois não nascemos dentro do mundo, mas fora dele (e certamente a Coruja vive em Ping por meio de seus ensinamentos).

Quando seguimos nossa natureza, damos total expressão à nossa alma, aos nossos talentos, aos nos-

Siga a correnteza, porque ela sabe para onde vai.

A correnteza

sos dons, à nossa paixão, à nossa força e ao nosso profundo senso de quem somos e de quem gostaríamos de ser.

Quando seguimos nosso próprio caminho, várias verdades maravilhosas se tornam evidentes.

Nosso prazer – a vida com magia – está sempre conosco, aguardando que sua força fundamental seja reconhecida.

Somos mesmo capazes de viver uma vida ao mesmo tempo eterna e sem limites?

Sim, pode apostar.

E não deixarei sem resposta aqueles que ainda estão imaginando quanto tempo Ping levou até descobrir sua felicidade. Deixe-me dizer, calmamente:

Para todo o tempo que levou... levou tempo algum.

EPÍLOGO

Eu li bastante.

Infelizmente, não tanto quanto gostaria, por vários motivos. É muito difícil ler tudo o que se quer, entre tanto trabalho, entre as necessidades de uma família em crescimento, tudo isso somado aos inúmeros convites de palestras e a todas as tarefas prazerosas que são o resultado dos livros de auto-ajuda que escrevi para o ramo empresarial. Apesar disso, ainda acordo toda manhã tentando me aprofundar o máximo possível, lendo as matérias que posso, cuidadosamente, selecionar como de meu interesse.

Quando estou viajando, normalmente fujo para uma leitura menos séria, dando um tempo ao cérebro sempre ligado na área comercial, e tentando me manter afastado de assuntos de negócios. Fiz disso uma estratégia para passar um tempo alegre curtindo livros de interesse geral, revistas e jornais, apenas para me lembrar de como é o paraíso.

Ping

Por que estou dizendo isso a vocês? Eu estava em uma de minhas viagens, atravessando o país a uns 37 mil pés de altura, quando me deparei com um artigo maravilhoso, num desses jornais diários, que prendeu totalmente minha atenção. Era exatamente assim:

Novo Sapo Pulou Milhares de Anos.
Descoberta Extraordinária Instiga Cientistas.

Sim, você leu direito, e aqui reproduzo um trecho do artigo:

Um tesouro ecológico de uma nova espécie de sapo foi descoberto nas exuberantes e serenas terras úmidas do Jardim do Imperador da China, localizado a noroeste de Pequim. Reverenciado por sua grandeza arquitetônica, beleza paisagística e lagos cristalinos, o Jardim Imperial é conhecido pelos chineses, há séculos, como o Jardim dos Jardins.

A descoberta dessa espécie única fez das terras úmidas um novo centro de diversidade e acelerou o processo de urgência para proteção da área contra os efeitos do desenvolvimento em massa.

Epílogo

Biólogos da Universidade Livre de Bruxelas, na Bélgica, descreveram a nova espécie como algo extraordinário, por suas fortes pernas e habilidades de pulo que garantem o estabelecimento de uma nova família de sapos, da qual ainda é o único membro.

Fiquei impressionado.

Instigado, também, à medida que mergulhava no artigo. Cada frase me tocava, reafirmando minha crença de que a felicidade está, realmente, no ar que respiramos. Esta é uma constante que aguarda todos nós. Voltei ao meu escritório, nervoso, esperando que o Google tivesse mais informações sobre essa história. Cheguei ao computador perturbado.

Quer saber? Quase caí da cadeira quando vi a foto do sapo recém-descoberto.

Se você fizer a mesma pesquisa, observe detalhadamente a foto, a alegria, o sorriso. Você saberá de onde vem aquele sapo. E, para estimular ainda mais, o artigo diz que, por conta de problemas ambientais, o futuro dessa nova espécie é uma grande dúvida.

Talvez estejam certos.

PING

Talvez.

Faço minhas as palavras da Coruja: para mudar o futuro, basta mudar o presente. O futuro real de qualquer um começa com um comprometimento total com o presente.

Com relação ao passado, bem, como já devem saber, é uma outra história...

Desejando-lhes amor no que fizerem e uma vida de sucesso,

AGRADECIMENTOS

Cada um de nós guarda histórias: aquelas histórias maravilhosas que podem melhorar nossa vida e a daqueles ao nosso redor – que podem resgatar memórias que nos alegram, estampando-nos um sorriso, ou nos entristecem, fazendo correr uma lágrima. Histórias extraordinárias que podem abrir nossa mente, histórias surpreendentes à espera de uma oportunidade para serem contadas.

Agora, mais do que nunca, acredito que histórias podem nos levar por correntezas e formar uma sociedade melhor, pessoas melhores, um mundo melhor. Quando algo maravilhoso é contado, a mágica acontece.

Esta obra não existiria sem a valiosa contribuição de outras pessoas, que ouviram minhas histórias e dividiram as suas comigo. Tiro o chapéu para todas elas: em especial para Machiko, pelas sensíveis e brilhantes ilustrações de Ping; para meu editor de texto Keith Hollaman e seu infalível barômetro; para Heidi Sachner, pelo seu instinto natural de saber o que, de fato, é relevante; para Harry

Ping

Burton, Mary Williams, Fauzia Burke e John Burk, por tirarem este livro do lago e levarem-no às ruas; para Kevin McGuinness e Jerry Pfeifer, pela sensibilidade visual, e para Frank DeMaio, por fazer tudo isso funcionar junto.

E, finalmente, uma declaração muito importante: para minha editora, Esther Margolis, cujo apoio e orientação me ajudaram a encontrar água no deserto.

COMENTÁRIOS FINAIS

Em minha carreira, sempre fui um empreendedor, e tem sido uma jornada emocionante. Fui abençoado com recompensas que vão além do que imaginava. Uma dessas recompensas tem sido o exercício do cargo de professor-adjunto no programa de MBA da Escola de Negócios John Cook, da Universidade de Saint Louis, onde leciono um curso voltado para empresários.

Na sala de aula, percebi que o maior obstáculo para aqueles que querem perseguir o sonho de suas vidas é o medo de abraçar o desconhecido, de correr riscos. E é justamente superando essa postura de resistência que encontramos a chave para o sucesso na vida.

Sua perspectiva no mundo e seu lugar nele – ou seja, sua posição – é fator determinante para que você reconheça a necessidade de maior desenvolvimento de suas forças e de seus talentos, alcançando, assim, uma vida completa e feliz.

PING

Nos negócios e na vida, aceitar ou tolerar circunstâncias infelizes é se tornar complacente. A ansiedade emocional e a autodesilusão impedem nosso crescimento. O resultado final é a perda da paixão e da garra de perseguirmos nossos sonhos. Estagnamos mentalmente, emocionalmente, espiritualmente. Ficamos incapazes de reconhecer que, como Ping, estamos atolados na lama, sem poder viver a vida que era para ser vivida.

Quando Stuart me pediu que contribuísse com algumas palavras para seu novo livro, fiquei honrado. Somos amigos e sócios há uma década e juntos escrevemos cinco livros que exaltam a coragem do empreendedor. Não importa qual caminho você escolha, coragem é o elemento crucial em qualquer nível. Estou emocionado por Stuart ter criado esta deliciosa leitura, um conto verdadeiramente inspirador, com uma mensagem que tem o poder de abrir a mente de todos para as maravilhas que a vida tem a oferecer.

Ron Rubin
Presidente do conselho da Republic of Tea
Co-autor da série Zentrepreneur Guides®

OUTROS TÍTULOS PUBLICADOS PELA
EDITORA BEST*SELLER*

Nosso iceberg está derretendo
John Kotter e Holger Rathgeber

Na mesma linha de *Quem mexeu no meu queijo?*, esta fábula apresenta uma linguagem de fácil compreensão que revela um conteúdo inestimável: como um grupo de pingüins, em condições adversas, consegue vencer a resistência a mudanças aparentemente impossíveis e ainda realizá-las com maestria. O premiado autor da Harvard Business School oferece uma leitura prática e simplificada dos Oito Passos que fizeram de *Liderando mudança*, também de sua autoria, um dos livros mais conceituados de sua área.
**Prefácio de Spencer Johnson,
autor de *Quem mexeu no meu queijo?***

Peixe! Para a vida inteira
Stephen C. Lundin

Autor da série de sucesso que já vendeu mais de dois milhões de exemplares no mundo todo, Stephen C. Lundin apresenta agora *Peixe! Para a vida inteira* que mostra como a Filosofia Peixe pode ser usada em sua vida pessoal. Trata-se da antiga sabedoria de um grupo de peixeiros que percebeu que o ambiente de trabalho era fundamental para a produtividade. A partir dessa descoberta, adotaram um método de motivação descrito neste livro sob a forma de uma parábola de fácil entendimento que revelará ao leitor a chave para uma vida de harmonia e felicidade.

As 10 leis do crescimento pessoal
Dan Sullivan e Catherine Nomura

Apontado pela revista *Fortune* como o próximo Stephen Covey, Dan Sullivan – em parceria com Catherine Nomura – expõe neste livro o que verdadeiramente é capaz de promover o crescimento pessoal. As 10 leis apresentadas por Sullivan e Nomura são fundamentais porque ajudam a determinar quais os valores que realmente nos mantêm no caminho certo. A sabedoria presente nesta obra ajudará todos aqueles que desejam não apenas ser bem-sucedidos, mas principalmente dar um sentido maior a sua vida, seja qual for a etapa em que se encontrem.

Ação
Nada acontece até que algo se mova
Robert Ringer

Bem-humorado e rico em histórias interessantes, *Ação* ajudará o leitor a não adiar seus projetos. O livro é um lembrete divertido de que há muito mais a fazer na vida do que simplesmente sobreviver. Segundo Ringer, a vida foi feita para ser vivida, e a ação é a sua essência.

Visite a nossa *home page*:
www.editorabestseller.com.br

Você pode adquirir os títulos da Editora Best*Seller*
por Reembolso Postal e se cadastrar para
receber nossos informativos de lançamentos
e promoções. Entre em contato conosco:

mdireto@record.com.br

Tel.: (21) 2585-2002
Fax.: (21) 2585-2085
*De segunda a sexta-feira,
das 8h30 às 18h.*

Caixa Postal 23.052
Rio de Janeiro, RJ
CEP 20922-970

Válido somente no Brasil.

Este livro foi composto na tipologia Adobe Garamond,
em corpo 12/16,2, e impresso em papel off-white 80g/m²
pelo Sistema Cameron da Distribuidora Record
de Serviços de Imprensa S. A.